Administration générale de l'Assistance publique à Paris

FONDATION MOREAU

EN FAVEUR

D'ENFANTS PAUVRES DE L'ANCIEN 6e ARRONDISSEMENT

DE PARIS

ARRÊTÉS & RÈGLEMENTS

PARIS

PAUL DUPONT, IMPRIMEUR DE L'ASSISTANCE PUBLIQUE

41, RUE JEAN-JACQUES-ROUSSEAU, 41

1876

DOCUMENT N° 1.

Extrait du Testament de M. Denis-Étienne-Marie Moreau, ancien commissaire-priseur à Paris.

Testament mystique du 17 février 1830, déposé à Me Chodron, notaire, le 8 mars suivant.

. . . .

J'institue pour mon légataire universel le Bureau de charité du 6e arrondissement municipal de Paris, à la charge par lui d'acquitter les legs particuliers contenus en mon testament et d'exécuter mes intentions ci-après exprimées, qui devront être considérées comme des conditions expresses dudit legs universel, lequel n'est autre chose qu'une fondation en perpétuité dont je vais indiquer l'objet.

. . . .

(Suivent des dispositions relatives au mode de liquidation de la succession et au service de rentes viagères, dispositions qui n'intéressent plus le Bureau de bienfaisance, puisque le legs universel fait à son profit est converti en un legs particulier).

. . . .

Objet de la Fondation.

Les rentes qui appartiennent au legs universel devront être employées annuellement et à perpétuité par le Bureau de charité à élever des enfants des deux sexes en nombre égal et à leur remettre à chacun lors de leur établissement, par mariage ou autrement, si cet établissement est trouvé convenable par le Bureau de charité, ou à défaut d'établissement à l'âge de 35 ans accomplis pour les garçons et de trente ans pour les filles, une somme de 1.000 francs une fois payés.

Les enfants admis à participer au bénéfice de la Fondation devront être nés et demeurant dans le 6e arrondissement, vaccinés, de bonne constitution, de bonne santé, sans aucune difformité ni infirmité, dont les père et mère sont reconnus pour des honnêtes gens sans distinction de religion.

La préférence devra être donnée aux ménages les plus pauvres, surtout aux enfants de veuves chargées de famille, particulièrement aux enfants réunissant les conditions ci-dessus dont les père et mère seraient nés et demeureraient dans la partie dudit arrondissement qui se trouve située dans la circonscription de la paroisse St-Leu-St-Gilles, dans laquelle je suis né le 21 octobre 1769.

Les enfants devront être pris à l'âge de six à sept ans et avoir fini leur éducation et apprentissage à l'âge de 18 ans pour les garçons et de 16 ans pour les filles ; ils devront être mis en pension pour y être élevés, nourris, entretenus, blanchis et soignés en cas de maladie; on devra leur enseigner principalement à bien remplir les devoirs de religion, à lire, à écrire et compter et les diriger de manière à en faire d'honnêtes gens. On devra de plus apprendre aux filles à coudre, savonner et repasser, de manière à ce qu'elles puissent faire leur linge et leurs vêtements et devenir de bonnes ménagères.

L'instruction devra être donnée aux enfants de préférence par la méthode de l'enseignement mutuel.

Aussitôt que les enfants sauront lire, écrire et compter et que leur complexion le permettra, ils devront être placés en apprentissage pour être mis en état d'exercer la profession dont ils auront fait choix ou à laquelle ils paraîtront le plus propres.

Le Bureau de charité aura le droit, dans le cas où des enfants auraient donné des motifs graves de mécontentement (ce dont le Bureau de charité sera juge) de les renvoyer et de les rendre à leurs familles, et alors on ne leur donnera plus la somme, une fois payée, que j'ai indiquée ci-dessus pour leur être remise lors de leur établissement par mariage ou autrement. Cette somme restera à la Fondation pour accroître, autant que possible, le nombre des enfants.

En cas de décès, retraite ou renvoi d'un ou de plusieurs enfants, de même que lors de la sortie de ceux qui auront achevé leur éducation et apprentissage, ils devront être remplacés par d'autres enfants du même sexe âgés de 6 à 7 ans et remplissant d'ailleurs les conditions ci-devant indiquées pour être admis à recevoir l'éducation.

Je m'en rapporte entièrement à la prudence et à la sagesse, à la bonne administration de MM. les Membres composant le Bureau de charité.

Je compte sur leur zèle pour l'exécution de la condition et je les prie de recevoir d'avance mes sincères remercîments.

DOCUMENT N° 2.

Conseil genéral d'Administration des Hospices et Secours à domicile de Paris.

L'Administration persiste dans sa demande d'autorisation pour accepter le legs universel fait par M. Moreau.

Séance du 29 décembre 1830.

Le Conseil général,

Vu sa délibération du 24 mars 1830, n° 53,721, portant demande d'autorisation afin d'accepter le legs universel fait par le sieur Denis-Etienne, au Bureau de charité du 6e arrondissement de Paris, pour élever chaque année et doter un nombre d'enfants proportionné à l'importance de ce legs;

Vu les lettres des 8 septembre et 29 octobre derniers, par lesquelles le Préfet de la Seine renvoie à l'Administration pour les examiner, deux demandes en répudiation et réduction du legs universel adressées à Sa Majesté, l'une par la dame Bertrand, nièce du testateur, l'autre par la dame Bremont, née Moreau, se présentant comme fille naturelle de M. Moreau.

Vu lesdites demandes;

Vu les pièces à l'appui, notamment celles contenant les conventions faites par les deux réclamantes relativement au partage entre elles de la portion de la succession de M. Moreau que l'Administration ne serait point autorisée à accepter;

Vu le rapport écrit du membre de la Commission administrative chargé des Domaines, ensuite duquel se trouve un dépouillement de l'inventaire Moreau tendant à faire apprécier d'une manière très-approximative l'importance du legs universel dont il s'agit;

Duquel dépouillement il résulte, que ce legs peut être évalué à 180,000 fr. environ, et se trouve grevé du service de plusieurs rentes viagères s'élevant à 3,200 francs et de l'usufruit de la veuve du testateur sur diverses valeurs de la succession Moreau, s'élevant à 64,000 francs environ;

En ce qui touche la qualité de Mme Bertrand:

Considérant qu'elle est la nièce du testateur et seule héritière du sang;

En ce qui touche la qualité de la dame Brémont:

Considérant que malgré les nombreux témoignages qu'elle produit pour établir sa qualité de fille naturelle de M. Moreau, elle ne représente pas la seule preuve légale exigée en pareil cas, l'acte de reconnaissance de son père;

Que dès lors elle ne peut paraître intéressée à réclamer la réduction du legs faite par M. Moreau qu'en vertu des conventions faites entre elle et la dame Bertrand;

Considérant qu'il n'appartient pas à l'Administration de décider si le Gouvernement, lorsqu'il est appelé à apprécier une demande en réduction de legs fait à des établissements publics, doit asseoir ses motifs de détermination sur la preuve légale de la filiation de celui qui réclame ou seulement sur des indices qui démontrent d'une manière plus ou moins positive la vérité de cette filiation;

En ce qui touche la moralité et la position des réclamants:

Considérant que d'après les renseignements recueillis par l'Administration, elles paraissent se trouver dans le besoin et jouir de la considération attachée à une réputation sans reproche;

En ce qui touche les réclamations elles-mêmes:

Considérant que Mme Bertrand recueille il est vrai dans la succession de son oncle un legs de 1000 francs de rente viagère, savoir 600 francs pour en jouir de suite et 400 francs après le décès d'une personne âgée de 50 ans environ, mais que ce legs est fait sous condition de ne point réclamer une somme de 14,000 francs environ à laquelle la dame Bertrand croit avoir droit sur les biens de la succession de son oncle;

Que dès lors il y a incertitude de savoir s'il y a avantage our cette dame à accepter la libéralité dont il s'agit;

Considérant que la dame Brémont n'est point appelée par le testament de M. Moreau à recueillir aucune partie de sa succession;

Considérant d'un autre côté que l'Administration ne doit proposer de restreindre les droits des pauvres qu'autant que des raisons puissantes le lui feraient regarder comme indispensable ;

Que sa circonspection à cet égard doit laisser à l'autorité supérieure le soin de se montrer plus favorable, lorsqu'elle le juge convenable, aux demandes qui ont pour objet des intérêts opposés à ceux des indigents;

Que dans l'espèce, l'Administration, après avoir mis sous les yeux de l'autorité tous les documents propres à éclairer sa religion, doit se borner à réitérer la demande qu'elle a déjà adressée au Gouvernement afin d'accepter purement et simplement le legs universel dont il s'agit, déclarant que sans appuyer les réclamations des dames Bertrand et Brémont elle n'aurait cependant aucun motif de s'opposer à ce qu'il leur fût accordé tel secours que le Gouvernement croirait convenable,

Délibère :

L'Administration persiste dans la demande par elle adressée au Gouvernement, suivant sa délibération du 24 mars 1830, afin d'accepter purement et simplement le legs universel fait par M. Moreau

Les pièces ci-dessus visées seront adressées à M. le Préfet de la Seine avec invitation de les transmettre à M. le Ministre de l'Intérieur, afin d'obtenir de Sa Majesté l'autorisation nécessaire pour accepter cette libéralité.

La présente délibération sera envoyée à la troisième division en triple expédition.

Fait à Paris, le 29 décembre 1830.

Signé : Le Bon Rendu, *Vice-Président.*

Le Secrétaire général,
Signé : Thunot.

DOCUMENT N° 3.

Bulletin des lois, 2e partie, ordonnance. N° 84, n° 2,367. Ordonnance du roi qui autorise à accepter, jusqu'à concurrence de la somme de 10,000 francs seulement, le legs universel évalué à 180,000 francs environ, fait au Bureau de charité du sixième arrondissement de Paris (Seine), par M. Moreau.

(Saint-Cloud, 28 mai 1831.)

DOCUMENT N° 4.

Lettre explicative adressée à M. l'administrateur chargé du service des secours à domicile.

Administration Générale des Hôpitaux, Hospices civils et Secours à domicile de Paris.

Paris, le 5 août 1845

Mon cher collègue,

Monsieur Moreau, ancien commissaire-priseur, à Paris, décédé en 1830, a fait un testament par lequel il a institué pour son légataire universel le Bureau de charité du sixième arrondissement municipal de Paris, à la charge d'élever, instruire et doter annuellement un nombre égal d'enfants des deux sexes pris parmi ceux nés et domiciliés sur le sixième arrondissement et de préférence parmi ceux qui, réunissant toutes les conditions exprimées audit testament, appartiennent à des parents nés sur la paroisse Saint-Leu-Saint-Gilles.

Je me suis occupé, aussitôt après le décès de M. Moreau, de faire les diligences nécessaires pour recueillir la succession qui était destinée au Bureau de bienfaisance. Le Conseil général, dans sa séance du 24 mars 1830, a pris, sur ma proposition, une délibération tendant à obtenir l'autorisation d'accepter cette libéralité, mais l'ordonnance royale intervenue le 28 mai 1831, sur la demande de l'Administration, a réduit le legs universel à une somme de 10,000 francs une fois payée.

Les héritiers naturels ont fait procéder à une liquidation qui constatait que l'actif de la succession était insuffisant pour acquitter les dettes et charges privilégiées. On pouvait croire alors que le legs fait au Bureau de bienfaisance, devenu un legs particulier, pur et simple, ne serait jamais acquitté.

Cependant la succession Moreau était créancière d'une somme de cent mille francs, pour laquelle des inscriptions furent prises sur un terrain appartenant au débiteur; après de longs débats ce terrain fut vendu assez avantageusement pour que, contre toute attente, la succession fût payée et pût, à son tour, acquitter les legs particuliers à sa charge.

L'Administration a, en conséquence, touché le capital de son legs, ci.................................. 10,000 fr.
plus, pour cinq ans d'intérêts .... 2,500 »
au total .... 12,500 »

Cette somme a été employée, conformément aux prescriptions du testament de M. Moreau, en rente 3 p. 0/0 sur l'Etat et a produit 455 francs avec jouissance du 22 juin 1845 (1).

Il y a donc lieu maintenant de s'occuper de l'exécution de la Fondation.

La réduction opérée sur la somme qui devait, dans la pensée de M. Moreau, être affectée à la dotation de sa Fondation, aura nécessairement pour effet d'amener une modification dans le mode d'exécution de cette fondation.

Je vous adresse, ci-joint, un extrait du testament qui renferme les dispositions relatives à la Fondation dont il s'agit, en vous priant de vouloir bien transmettre cette pièce, avec les renseignements que je viens de vous donner, au

(1) En 1851 divers reliquats furent employés à l'acquisition d'une rente de 130 francs, ce qui porta à 585 francs le revenu total de la Fondation.— Quelques années plus tard de nouveaux reliquats permirent de porter ce revenu à 635 francs, chiffre réduit par la conversion des rentes au montant actuel de 600 francs.

Bureau de bienfaisance du sixième arrondissement, qui, en sa qualité d'héritier institué, doit connaître le résultat des diligences faites par l'Administration dans son intérêt.

Vous jugerez sans doute convenable, mon cher collègue, de vous concerter avec ce bureau pour faire ensuite au Conseil général telle proposition que vous jugerez convenable pour donner à l'affaire qui nous occupe la suite dont elle est susceptible.

Recevez, etc.

Pour le Membre de la Commission administrative,
chargé du Domaine,

Le Secrétaire général,

Signé : DUBOST.

N° 107,642.

Approbation du règlement proposé par le Bureau de bienfaisance du 6e arrondissement concernant l'emploi du legs Moreau.

DOCUMENT N° 5. (1)

Conseil général de l'Administration des Hôpitaux, Hospices civils et Secours à domicile de Paris.

Séance du 15 *avril* 1846.

Le Conseil général,

Vu l'extrait du testament mystique du 17 février 1830, par lequel Moreau (Denis-Etienne-Marie) institue le Bureau de bienfaisance du 6e arrondissement son légataire universel, à la charge par lui d'élever chaque année, instruire et doter un nombre d'enfants proportionné à l'importance des sommes léguées ;

Vu les arrêtés du 24 mars, n° 53,721, et 29 décembre 1830, n° 55,853, relatifs à la demande d'acceptation de ce legs universel ;

Vu l'ordonnance du roi, en date du 28 mai 1831, qui en autorise l'acceptation jusqu'à concurrence de 10,000 francs seulement ;

Vu le compte de recouvrement, fait le 21 mars 1845, de la somme de 12,500 francs en provenant, capital et intérêts, et l'emploi en une rente 5 % de 523 francs ;

Vu son arrêté du 28 mai 1845, qui autorise la conversion de cette rente en une autre 3 % de 455 francs seulement ;

Ouï le membre de la commission administrative chargé de la quatrième division qui expose que le Bureau de bien-

(1) Ce règlement a été modifié et abrogé par un nouveau règlement en date du 28 février 1862. Voir page 23.

faisance du 6e arrondissement, par sa délibération en date du 26 septembre 1845, a réglementé l'emploi du legs de M. Moreau ainsi qu'il suit :

Art. 1er. — Deux enfants, un de chaque sexe, seront admis à profiter des avantages que leur assure le legs fait par M. Moreau.

Art. 2. — Ces enfants seront choisis sur une liste de candidats pour chaque sexe et devront remplir les conditions fixées ainsi qu'il suit par le testament :

« Les enfants admis à participer au bénéfice de la Fondation devront être nés et demeurant dans le 6e arrondissement, vaccinés, de bonne constitution, de bonne santé, sans aucune difformité ni infirmité, dont les père et mère sont reconnus pour des honnêtes gens, sans distinction de religion.

« La préférence devra être donnée aux ménages les plus pauvres, surtout aux enfants de veuves chargées de famille, particulièrement aux enfants réunissant les conditions ci-dessus, dont les père et mère seraient nés et demeureraient dans la partie dudit arrondissement qui se trouve situé dans la circonscription de la paroisse de Saint-Leu-Saint-Gilles, dans laquelle je suis né le 21 octobre 1769. »

Art. 3. — « Les enfants devront être pris à l'âge de six à sept ans, et avoir fini leur éducation et apprentissage à l'âge de dix-huit ans pour les garçons, et seize ans pour les filles. »

Art. 4. — Le produit de la fondation Moreau étant une rente 3 % sur l'Etat de 455 francs, il sera accordé, pour l'entretien de chaque enfant admis, une somme de 100 francs par an, laquelle sera payée aux parents jusqu'à sa sortie de l'école primaire, fixée à l'âge de douze ans accomplis.

Une somme de 27 fr. 50 c. par enfant sera employée annuellement, sur décision du Bureau, pour les besoins extraordinaires.

Dès le moment qu'un enfant sera admis à jouir des avantages de la Fondation, une autre somme de 100 francs sera placée, au fur et à mesure des rentrées semestrielles, à la Caisse d'épargne, au nom et pour le compte de chacun d'eux, jusqu'à son passage dans une école supérieure ou spéciale, s'il y a lieu, ou enfin mis en apprentissage.

Dans le cas où l'enfant, au sortir de l'école primaire, serait admis comme boursier dans une école supérieure, son avoir s'augmenterait de tout ce qui ne serait pas payé pour lui.

Dans le cas où il serait mis en apprentissage au sortir de l'école primaire, un traité passé par le Bureau avec le maître ou la maîtresse en fixerait les conditions.

Alors, dans ces deux cas, la somme de 127 fr. 50 c. pourrait être employée en faveur de l'élève boursier ou de l'apprenti, soit à ses besoins personnels, soit en dédommagement pour le maître d'apprentissage.

Les 100 francs restant et ce que l'on économisera sur les 127 fr. 50 c. dans l'année, seront ajoutés sur le livret de la Caisse d'épargne, pris en son nom, aux sommes placées antérieurement, accrues des intérêts, et qui resteront déposées.

L'âge de dix-huit ans pour les garçons et de seize ans pour les filles étant révolu, le secours de la Fondation cessera et les économies faites jusque-là seront conservées pour porter intérêt, et définitivement remises à l'intéressé à l'époque de son établissement par mariage ou autrement, si cet établissement est trouvé convenable par le Bureau de bienfaisance. Dans le cas de non-établissement, les économies ne seront remises qu'à l'âge de trente-cinq ans pour les garçons et de trente ans pour les filles.

Quant à la somme de quatorze francs cinquante centimes, une fois payée et restée sans emploi, elle sera distribuée avec le premier paiement qui sera fait sur les revenus de la Fondation.

Art. 5. — Un traité sera aussi passé avec les parents de

l'enfant admis aux secours de la Fondation, par lequel ils s'engageront à l'envoyer régulièrement aux écoles et à veiller sur sa bonne conduite. Ils devront justifier de ces deux points, tous les mois, par le dépôt au secrétariat du Bureau, d'un certificat délivré par l'instituteur ou le maître d'apprentissage.

Dans le cas où l'un des enfants aurait donné des motifs graves de mécontentement (ce dont le Bureau sera juge, m'en rapportant entièrement à la sagesse, à la prudence et à la bonne administration de MM. les Membres composant le Bureau de bienfaisance), le Bureau de bienfaisance aura le droit de le renvoyer et de le rendre à sa famille, et alors on ne lui donnera plus le montant des économies faites qui devait lui être remis à sa majorité.

La somme que ces économies formeront restera à la Fondation pour accroître autant que possible le nombre des enfants.

Si les parents de l'un des enfants venaient à porter leur domicile hors de l'arrondissement, les secours et les économies faites ne seront conservées à l'enfant qu'autant qu'une délibération spéciale du Bureau de bienfaisance l'aurait décidé.

Dans le cas de décès d'un des enfants, le montant des économies faites, spécifié au livret de la Caisse d'épargne pris sous son nom, fera retour à la Fondation, sauf par le Bureau à remettre à la famille, sur ces économies, une somme une fois payée qu'il déterminera.

Art. 6. — Dans les différentes phases du secours, le paiement aura lieu par semestre, aux époques des échéances des rentes et après qu'elles auront été encaissées, sauf les cas extraordinaires où les demandes d'allocations seraient acceptées par délibérations spéciales du Bureau et en autoriseraient l'avance. Dans tous les cas de paiement pour les enfants ou autres intéressés, il sera indispensable d'obtenir autorisation spéciale du Bureau.

Tant que les parents toucheront directement les secours accordés à leur enfant, ils devront fournir au moment de l'acquit d'encaissement un certificat de domicile. Dans le cas où l'enfant resterait orphelin de père et de mère sans autre appui que celui du Bureau, et si alors son revenu était insuffisant à ses besoins, on s'adresserait à la générosité des habitants de l'arrondissement pour, autant que possible, satisfaire aux prescriptions du testateur, lesquelles sont d'un si bon exemple pour l'avenir.

Art. 7 et dernier. — Les Administrateurs dont les candidats auraient été admis aux secours de la Fondation, et en toutes circonstances celui dont la division appartient presque en totalité à la paroisse Saint-Leu-Saint-Gilles, seront chargés de la haute surveillance des enfants, des traités à passer avec les parents et les maîtres d'apprentissage, enfin de la stricte exécution du présent arrêté.

De l'avis de ses Membres ayant la haute surveillance du service des secours,

Arrête :

Le règlement du Bureau de bienfaisance du 6e arrondissement susrelaté, concernant l'emploi du legs fait par M. Moreau en faveur des pauvres de cet arrondissement, est approuvé dans toutes ses dispositions.

Le présent sera envoyé à la 4e division.

Fait à Paris, le 15 avril 1846.

Signé : DUBOIS, *Vice-Président.*

Le Secrétaire général,
DUBOST.

DOCUMENT N° 6.

PRÉFECTURE DE LA SEINE.

Approbation du Reglement.

Nous, Pair de France, Préfet,

Vu l'ordonnance royale du 28 mai 1831 qui autorise l'Administration des hospices à accepter un legs fait en 1830 par M. Moreau (Denis-Etienne-Marie), au Bureau de bienfaisance du 6e arrondissement, à la condition pour ledit Bureau d'élever chaque année, instruire et doter un nombre d'enfants proportionné à l'importance de la somme leguée ;

Vu le projet du règlement proposé le 26 septembre 1845 par le Bureau de bienfaisance du 6e arrondissement pour l'emploi des libéralités de M. Moreau ;

Vu l'avis exprimé par le Conseil général des hospices dans sa délibération du 15 avril dernier,

Arrêtons :

Art. 1er — Le projet de règlement ci-dessus visé est approuvé dans toutes ses dispositions.

Art. 2.—Ampliations du présent arrêté seront adressées à la Commission administrative des hospices et à M. le Maire du 6e arrondissement, président du Bureau de bienfaisance, chargés, chacun en ce qui le concerne, d'en assurer l'exécution.

Fait à Paris, le 5 mai 1846.

Signé : COMTE DE RAMBUTEAU.

Pour ampliation,

Le Secrétaire général de la Préfecture,

Signé : F. PERRAN.

DOCUMENT N° 7.

Arrêté relatif à la répartition de la fondation Moreau entre les arrondissements nouveaux.

Le Directeur de l'Administration générale de l'Asistance publique,

Vu le testament du 17 février 1830, aux termes duquel M. Moreau, ancien commissaire priseur, à Paris, a institué le Bureau de charité de l'ancien 6e arrondissement son légataire universel, à la charge d'employer le montant de son legs (ce legs s'élève aujourd'hui à 585 francs de rente 3 p. 0/0.) à instruire et à doter annuellement un nombre égal d'enfants des deux sexes à prendre parmi ceux nés et domiciliés sur le 6e arrondissement, et de préférence parmi ceux qui, réunissant les conditions exigées par le testateur, appartiennent à des parents nés et domiciliés sur la paroisse St-Leu-St-Gilles ;

Vu les arrêtés du 24 mars 1830, numéro 53,721, et du 20 décembre 1830, numéro 55,853, et l'ordonnance royale du 28 mai 1831, qui autorise l'acceptation de cette libéralité ;

Vu le projet de règlement proposé le 26 septembre 1845, par le Bureau du 6e arrondissement pour l'emploi du legs de M. Moreau ;

Vu l'arrêté de l'ancien Conseil des hospices, en date du 15 avril 1846, numéro 107,642, et l'arrêté préfectoral du 5 mai 1846 qui approuvent ce règlement dans toutes ses dispositions :

Vu la loi du 16 juin 1859, et le décret impérial du 1er novembre suivant relatif à l'annexion des communes suburbaines à la ville de Paris et à la nouvelle division territoriale des arrondissements ;

Vu l'arrêté préfectoral du 20 mars 1861, qui approuve la répartition faite entre les nouveaux arrondissement des rentes léguées aux anciens ;

Considérant que le territoire de l'ancien 6e arrondissement sur lequel se trouve établie la paroisse St-Leu-St-Gilles, se trouve partagé entre les 1er, 2e, 3e et 4e arrondissements nouveaux ;

Considérant que le 11e arrondissement sur lequel se trouve aussi une partie du territoire de l'ancien 6e, quoique ne touchant pas à la paroisse St-Leu-St-Gilles, pourrait néanmoins, aux termes du testament, être appelé éventuellement à participer au bénéfice des dispositions qu'il renferme ;

Qu'une répartition des revenus de la fondation Moreau entre ces cinq arrondissements, soit par portions égales, soit au prorata du nombre des ménages indigents que chacun d'eux a reçu de l'ancien 6e arrondissement ne permet pas la stricte application des dispositions contenues dans le testament précité ;

Qu'en confiant, au contraire, à une commission composée de délégués choisis par les Bureaux de bienfaisance des cinq arrondissements intéressés, le soin de régler en commun l'emploi à faire des revenus de la Fondation, les vœux de M. Moreau pourraient être convenablement remplis,

Arrête :

Art. 1er. — Le soin de régler en commun l'emploi à faire des revenus de la fondation Moreau, conformément aux vœux du testateur, sera confié à une commission composée de cinq membres choisis par les Bureaux de bienfaisance des 1er, 2e, 3e, 4e et 11e arrondissements, à raison de un membre par chaque arrondissement ;

Art. 2. — Le présent arrêté sera soumis à l'approbation de M. le Sénateur Préfet de la Seine.

Fait à Paris, le 3 août 1861.

Signé : Husson.

Vu et approuvé :

Paris, le 9 septembre 1861.

Le Sénateur, Préfet de la Seine.

Signé : G. E. Haussmann.

DOCUMENT N° 8.

Approbation du nouveau règlement relatif à la fondation Moreau.

Le Directeur de l'Administration générale de l'Assistance publique,

Vu le testament de M. Moreau, en date du 17 février 1830, aux termes duquel il institue pour son légataire universel le Bureau de charité du 6e arrondissement;

Vu l'ordonnance royale du 28 mars 1831, qui autorise l'acceptation de cette libéralité au nom des pauvres;

Vu le règlement relatif à l'emploi à faire des revenus de la fondation Moreau approuvé par décision préfectorale en date du 5 mai 1846;

Vu l'arrêté de M. le Préfet de la Seine, en date du 20 mars 1861, relatif à la répartition entre les nouveaux arrondissements de Paris des revenus des rentes provenant des dons et legs dont les anciens arrondissements avaient la jouissance;

Vu la décision préfectorale en date du 9 septembre 1861, qui autorise pour l'administration des revenus de la fondation Moreau, la création d'une commission spéciale, composée de cinq membres désignés par les Bureaux de bienfaisance des 1er, 2e, 3e, 4e et 11e arrondissements nouveaux, qui chacun ont sur leur territoire une portion de l'ancien 6e arrondissement;

Vu le rapport en date du 26 octobre 1861 présenté par MM. les délégués des cinq bureaux ci-dessus désignés;

Vu son mémoire du 12 décembre 1861, portant règlement de l'emploi à faire des revenus de la fondation Moreau;

Vu l'avis du Conseil de surveillance qui approuve ce règlement,

Propose à M. le Sénateur Préfet de la Seine d'approuver le règlement ci-après relatif à la fondation Moreau :

RÈGLEMENT.

Art. 1er. — La fondation créée par M. Denis-Marie-Etienne Moreau, suivant son testament du 17 février 1830, continuera d'appartenir au territoire de l'ancien sixième arrondissement. En conséquence, elle profitera aux parties des 1er, 2e, 3e, 4e et 11e arrondissements nouveaux provenant de l'ancien 6e et *plus spécialement encore au territoire de la paroissede St-Leu-St-Gilles, tel qu'il* était délimité lors de l'ouverture du testament susénoncé.

Art. 2. — Cette fondation est placée sous la direction d'un comité de cinq membres. Les délégués nommés annuellement par les cinq Bureaux de bienfaisance intéressés, pour les représenter auprès de l'Administration, sont de plein droit les membres de ce comité.

Art. 3. — Les enfants qui seront admis à jouir des avantages du legs fait par M. Moreau seront pris alternativement dans l'un et l'autre sexe. Ils devront remplir les conditions fixées par le testateur lui-même dans les termes suivants :

« Les enfants admis à participer au bénéfice de la fondation devront être nés et demeurant dans le 6e arrondissement, vaccinés, de bonne constitution, de bonne santé, sans aucune difformité ou infirmité, dont les père et mère sont reconnus pour d'honnêtes gens sans distinction de religion. »

« La préférence devra être donnée aux ménages les plus pauvres surtout aux enfants de veuves chargées de famille, particulièrement, aux enfants réunissant les conditions ci-dessus, dont les père et mère seraient nés et demeure-

« raient dans la partie dudit arrondissement qui se trouve « située dans la circonscription de la paroisse St-Leu-« St-Gilles, dans laquelle je suis né le 21 octobre 1769. »

« Les enfants devront être pris à l'âge de 6 à 7 ans, et « avoir fini leur apprentissage à l'âge de 18 ans pour les « garçons et 16 ans pour les filles. »

Art. 4. —Les élèves de la Fondation sont nommés par le comité et choisis parmi les candidats présentés par les cinq arrondissements intéressés, à raison d'un candidat par chaque arrondissement.

Tout candidat sera nécessairement domicilié sur la partie de son arrondissement ayant dépendu de l'ex 6e arrondissement.

Les candidats étrangers à la circonscription de l'ancienne paroisse St-Leu-St-Gilles ne pourront être nommés qu'à défaut de candidats domiciliés sur cette circonscription, ceux-ci devant obtenir la préférence.

Art. 5. — Chaque arrondissement aura la surveillance des enfants qu'il aura fait admettre.

Art. 6. — Dès qu'un enfant aura été admis à jouir des avantages de la fondation, il lui sera alloué, jusqu'à l'âge de 18 ans pour les garçons et de 16 ans pour les filles, une somme annuelle de 200 francs, dont la moitié pour l'entretien de l'enfant, sera payée aux parents, jusqu'à sa sortie de l'école primaire, fixée à l'âge de douze ans accomplis. L'autre moitié, soit une somme de cent francs, sera placée à la caisse d'épargne au nom et pour le compte de chaque enfant, jusqu'à son passage dans une classe supérieure ou spéciale s'il y a lieu, ou jusqu'à sa mise en apprentissage.

Dans le cas où l'enfant, au sortir de l'Ecole primaire, serait admis comme boursier dans une école supérieure, comme aussi dans le cas ou il serait mis en apprentissage au sortir de l'école primaire, la somme de cent francs destinée d'abord à son entretien pourra être employée, en tout ou partie, en faveur de l'élève boursier ou de l'apprenti, ou à ses besoins personnels, soit en dédommagement pour le maître d'apprentissage.

Les cent francs restant et ce que l'on économisera sur les premiers cent francs seront ajoutés, sur le livret de la Caisse d'épargne pris en son nom, aux sommes placées antérieurement et qui, accrues des intérêts, resteront déposées jusqu'au moment où la remise pourra en être faite définitivement à l'ayant droit.

Art. 7. — Un traité sera passé avec les parents de l'enfant admis au secours de la fondation, par lequel ils s'engageront à l'envoyer régulièrement aux écoles et à veiller sur sa bonne conduite. Ce traité aura lieu par les soins du Bureau qui aura présenté l'enfant. La même règle s'appliquera au traité à passer avec le maître ou la maîtresse d'apprentissage. Les parents justifieront tous les 3 mois de l'assiduité et de la bonne conduite de leur enfant par le dépôt, au secrétariat du bureau de leur domicile, d'un certificat délivré par l'instituteur ou le maître d'apprentissage.

Art. 8. — L'âge de 18 ans pour les garçons, celui de 16 ans pour les filles étant révolus, le secours de la fondation cessera et les économies faites jusque-là seront conservées pour porter intérêt et définitivement remises à l'intéressé à l'époque de son établissement par mariage ou autrement, si cet établissement est jugé convenable par le Bureau de bienfaisance sous le patronage duquel il était placé.

Dans le cas de non-établissement, les économies ne seront remises qu'à l'âge de 35 ans pour les garçons et de 30 ans pour les filles.

Art. 9. — Chaque Bureau de bienfaisance reste chargé, en ce qui concerne les enfants de son arrondissement, d'appliquer, le cas échéant, les dispositions suivantes extraites textuellement du testament Moreau :

« Dans le cas où l'un des enfants aurait donné des

« motifs graves de mécontentement, ce dont le Bureau
« sera juge, m'en rapportant entièrement à la prudence
« et à la sagesse et à la bonne administration de MM. les
« Membres composant le Bureau de bienfaisance, le Bureau
« de bienfaisance aura le droit de le renvoyer et de le
« rendre à sa famille, et alors on ne lui donnera plus le
« montant des économies faites qui devait lui être remis à
« sa majorité. La somme que ces économies formeront
« restera à la fondation pour accroître, autant que possible,
« le nombre des enfants. »

Art. 10. — Si les parents de l'un des enfants venaient à porter leur domicile hors de l'arrondissement qui avait fait admettre cet enfant, les secours et les économies faites ne seront conservés à l'enfant qu'autant qu'une délibération spéciale du Bureau de l'arrondissement l'aura décidé.

Toutefois, si les parents fixaient leur nouveau domicile dans une partie quelconque de l'ancien 6e arrondissement, l'enfant conserverait ses droits, sans qu'il fût besoin d'aucune décision.

Art. 11. — En cas de décès d'un enfant, le montant des économies faites, spécifié au livret de la Caisse d'épargne pris sous son nom, fera retour à la fondation, sauf par le Bureau de l'arrondissement à remettre à la famille, sur ces économies, une somme une fois payée qu'il déterminera.

Art. 12. — Les élèves de la fondation pourront, dans des circonstances exceptionnelles, et lorsqu'il y aura des fonds disponibles, obtenir une allocation extraordinaire sur la demande de leurs Bureaux de bienfaisance respectifs. Ces demandes seront appréciées par le comité de Direction, qui prononcera en dernier ressort.

Art. 13. — Tous les fonds appartenant à la fondation Moreau sans exception, ensemble les sommes qui lui feront retour, seront centralisés dans la caisse du receveur de l'Administration générale de l'Assistance publique.

Les allocations revenant à chaque élève de la fondation

seront versées, sur les indications du Comité, entre les mains du secrétaire-trésorier de l'arrondissement auquel l'élève appartient : ce comptable sera chargé d'en faire emploi.

Tant que les parents toucheront personnellement les sommes accordées à leur enfant, ils devront fournir au secrétaire-trésorier de leur arrondissement, au moment de l'acquit, un certificat de domicile.

Art. 14. — Les fonds restés sans emploi seront placés au Trésor en compte courant. Lorsqu'ils s'élèveront à une somme suffisante et que le service de la fondation sera assuré, ils seront retirés pour être employés à l'acquisition de nouvelles inscriptions de rentes.

Art. 15. — La situation financière de la fondation sera fournie tous les six mois par l'Administration du comité.

DISPOSITIONS TRANSITOIRES.

Art. 16. — L'admission de la demoiselle Chabert (Julie-Emilie), faite par le Bureau de bienfaisance de l'ancien 6e arrondissement, le 8 décembre 1854, et celle du jeune Mayer (Louis), faite par le Bureau du 3e arrondissement nouveau, le 9 octobre 1860, sont maintenues.

Néanmoins, à partir du 1er janvier 1862, ces deux pensionnaires qui, jusqu'à présent, ont eu droit à une allocation de 227 fr. 50 c., ne toucheront plus annuellement qu'une somme de 200 francs chacun, en exécution de l'article 6 du présent règlement.

Art. 17.— Le solde en caisse de la Fondation qui s'élève à 1,276 fr. 48 c., en y comprenant le semestre de la rente de 585 francs à échoir le 22 décembre 1861, sera versé dans la caisse du receveur de l'Administration et employé à l'acquisition d'une inscription de 50 francs de rente 3 0/0, ce qui portera les revenus de la fondation à 635 francs.

Art. 18 et dernier. — Un troisième élève pris parmi les

filles, attendu que le dernier choisi était un garçon, sera admis au bénéfice de la fondation, à compter du 1er janvier 1862.

La nouvelle élève sera présentée et nommée dans les formes prescrites par le présent règlement.

Paris, le 28 février 1862.

Signé : A. Husson.

Vu et Approuvé.

Paris, le 5 mars 1862.

Le Sénateur, Préfet de la Seine,

Signé : G.-E. Haussmann.

DOCUMENT N° 9.

Placements à la Caisse d'épargne et inscriptions sur les livrets des clauses spéciales de la Fondation.

Paris, le 19 février 1863.

Monsieur le Ministre,

Par une ordonnance royale, en date du 28 mars 1831, et des décisions préfectorales en date du 5 mai 1846, et 5 mars 1862, l'Administration générale de l'Assistance publique est appelée à veiller à l'exécution d'une Fondation instituée par M. Moreau, ancien commissaire-priseur à Paris, pour instruire et doter des enfants des deux sexes, appartenant à l'ancien sixième arrondissement.

Une partie de la somme allouée annuellement à chacun des élèves de cette Fondation doit être employée à l'entretien et à l'éducation de l'enfant, et l'autre partie placée à la caisse d'épargne pour porter intérêt et être remise à cet élève, à l'époque de son établissement par mariage ou autrement et en cas de non-établissement, à l'âge de 35 ans pour les garçons et de 30 ans pour les filles.

Aux termes du testament, si l'un des enfants donnait des motifs graves de mécontentement, ou s'il venait à décéder, les sommes placées en son nom feraient retour à la fondation pour accroître autant que possible le nombre des enfants secourus.

Cette condition de retour à la Fondation est contraire aux instructions générales qui régissent les caisses d'épargne, qui stipulent qu'aucune somme placée sur livret ne peut être retirée si ce n'est au profit du titulaire du livret ou de ses ayants droit.

M. l'Agent général de la caisse d'épargne de Paris a donc prévenu l'Administration générale de l'Assistance publique qu'il ne pourrait recevoir de dépôts, faits dans cette dernière condition, sans une autorisation spéciale de Votre Excellence.

Je viens, en conséquence, Monsieur le Ministre, vous prier de vouloir bien accorder l'autorisation dont l'Administration de l'Assistance publique a besoin, pour exécuter les intentions exprimées dans le testament de M. Moreau.

Veuillez agréer etc.

Le Sénateur, Préfet de la Seine,

Signé : G. E. HAUSSMANN.

DOCUMENT N° 10.

Fondation Moreau

—

Placements à la Caisse d'épargne de Paris, et inscriptions spéciales sur les livrets.

—

Paris, le 3 mars 1863.

Monsieur le Préfet,

J'ai examiné la question que vous m'avez soumise le 19 février, dans l'intérêt des enfants admis à participer au legs Moreau.

Au termes du testament, une portion de l'allocation annuelle faite à chaque enfant doit être placée à la caisse d'épargne, pour lui être remise, avec les intérêts, sans condition d'âge, à l'époque de son établissement par mariage ou autrement, et en cas de non établissement, à l'âge de 35 ans pour les garçons et de 30 ans pour les filles. Le même acte stipule qu'en cas de décès ou si de graves motifs de mécontentement existent contre l'élève, les sommes placées en son nom feront retour à la dotation pour accroître le plus possible le nombre des bénéficaires.

Cette clause de retour a semblé à M. l'Agent de la caisse d'épargne contraire aux dispositions qui régissent l'institution et d'après lesquelles aucune somme ne peut être retirée qu'au profit du titulaire ou de ses ayants droit. M. Prévost, a, en conséquence, déclaré qu'à moins d'une décision spéciale émanée de moi il ne recevrait plus de dépôts grevés de la condition de retour. C'est cette décision que vous me demandez.

Les sommes déposées au nom des élèves de la fondation Moreau ne leur sont pas immédiatement attribuées et elles ne deviennent leur propriété qu'à l'époque où, après avoir constaté l'accomplissement des intentions du testateur, l'Administration hospitalière leur en fait la remise. Jusque-là leur situation est celle d'expectants; ils n'ont qu'une simple aptitude aux dépôts qui les concernent et, conséquemment, M. l'agent général me paraît parfaitement autorisé à mettre ces dépôts à la disposition de l'Assistance publique lorsque celle-ci juge à propos d'en priver les destinataires ou qu'il y a décès.

Cette solution me semble à l'abri de toute contestation. Si cependant elle donnait lieu plus tard à quelques difficultés, il appartiendrait à l'Administration de l'Assistance publique seule et non à la Caisse d'épargne de les juger.

Recevez, Monsieur le Préfet, l'assurance de ma considération très-distinguée.

Le Ministre secrétaire d'Etat au département de l'intérieur,

Signé : BOUDET.

DOCUMENT N° 11.

Caisse d'épargne de Paris, rue Coq-Héron, 9.

Formule de la condition à inscrire en tête des livrets ouverts à la Caisse d'épargne de Paris en exécution du legs Moreau.

Le premier versement provenant du legs Moreau ( ) et les intérêts qui en seront le produit ne pourront être remboursés qu'à l'âge de 35 ans pour les garçons et de 30 ans pour les filles.

Néanmoins le remboursement pourra avoir lieu avant cette époque en cas d'établissement par mariage ou autrement, mais seulement sur le vu d'une autorisation expresse et par écrit de M. le Directeur de l'Administration de l'Assistance publique à Paris.

Dans le cas ou le titulaire décéderait avant l'accomplissement de la condition ci-dessus, et dans le cas où le bénéfice du legs lui serait enlevé pour cause d'indignité par une décision de M. le Directeur de l'Administration de l'Assistance publique, les sommes versées en capitaux et intérêts retourneront à la masse.

Le tout en exécution du testament de M. Moreau en date

du 17 février 1830, de l'ordonnance royale du 28 mars 1831, et de l'arrêté de M. le Préfet de la Seine en date du 5 mars 1862.

Proposer cette formule à l'approbation de
M. le directeur de l'Assistance publique.

Paris, 21 mars 1863.

Signé : Ag. Prévost.

Approuvé :

Paris, le 23 mars 1863.

Le Directeur de l'Administration générale de l'Assistance publique,

Signé : A. Husson.

TABLE DES MATIÈRES

Paris-Imp. PAUL DUPONT, 41, rue Jean-Jacques-Rousseau. — 185 3.76.

www.ingramcontent.com/pod-product-compliance
Lightning Source LLC
La Vergne TN
LVHW021635170726
843501LV00007B/2229
* 9 7 8 2 3 2 9 6 4 7 8 1 4 *